Siläs Wält

Von Silvia Gloor

Buchbeschreibung:

Herzliche und ehrliche Gedanken über leben und Alltag der Jungautorin Silvia Gloor.

Sie bringen einem zum lachen.

Zum weinen.

Und, zum nachdenken.

Kaum ein anderes Buch lässt einem so tief in die Seele eines kreativen Menschen blicken.

Über den Autor:

Silvia Gloor lebt in Bern und hat dort an der LWB die Ausbildung zur Schreinerin abgeschlossen. In den Jahren danach hat sie zuerst, das fotografieren, später das lyrische schreiben für sich entdeckt. Beide sind zu ihrer Leidenschaft geworden.

Siläs Wält

Band 1

Von Silvia Gloor

Transivroom Verlag, Bern

Text und Rohmaterial Bilder
S. Gloor
Digitale Nachbearbeitung Bilder, Foto,
Umschlaggestaltung, Übersetzungen und Layout
C. S. Hug

1. Auflage, August 2019
© Alle Rechte vorbehalten., Transivroom Media Productions
Transivroom Verlag, Bern
redaktionn@transivroom.info
transivroom.ch

Großdruck
Lesezeit zirka 60 Minuten

Gedruckt bei,
BoD – Book on Demand, Norderstedt

ISBN 978-3-9525144-0-5

Danksagung

Als erstes möchte ich meinem besten
Danken, Christian Hug.
Was du alles getan hast, damit ich
dieses Werk in meinen Händen halten
kann ist unglaublich. Dein
Fachwissen, deine ermutigende art,
dein wissen mit der neuen Technik.
Vielen Dank.
Rebekka Jost und Irene Schmid, für
eure Poetische und Rechtschreibehilfe
bin ich zutiefst Dankbar.
Mirjam Herren, dein Glaube an mich
und Unterstützung in meiner Welt
riesengross. Grosses Dankeschön
dafür.
Anna Maria und Konrad Gloor,
Vielen Dank für euren Lebensmut und
Kraft an mich. Ihr lest nicht nur,

sondern fühlt euch rein und gibt mir
zu verstehen wie es scheint. Ich fühle
mich euch so nah, trotz Tausender
Kilometer Entfernung.
All meinen Freunden und Familie,
grosses Danke für eure Hilfe,
Anregungen, Mut und
Durchhaltewillen.
Denn grössten Dank, an meine Eltern,
weil ihr immer an mich glaubt und
Mami weil du mich vom ersten
Moment nicht aufgegeben hast.

Emotionen

Ich sag es leise

Du lässt mich nicht los, bist viel mehr
da, als ich denke. Wie komme ich
damit klar, willst du das wissen?
Ich sag es dir ganz leise.
Gar nicht!

Die Nacht

Wieder eine dieser Nächte, in der ich
keinen Schlaf finde. Meine Gedanken
halten mich wach. Nicht gute aber
auch nicht böse. Einfach ein Schwarm
voller Gedanken, die mich
durchströmen.

Hingabe

Oh du Engel der Nacht,

was für ein wunderbares Antlitz

wird von dir hervorgebracht.

Dein Gesicht so makellos und schön,

doch wahre Liebe mit dir sei jedem

vergönnt.

Denn dein Verlangen ist tödlich und

du würdest alles dafür tun

um daran zu kommen an dein Blut.

Und doch Vampir, du böses Tier,

gib mir deine Liebe und führe mich zu

dir!

Suche in anderen Welten

Ihr helft mir, mich in dieser Welt zurechtzufinden. Was für mich stimmt und was eher ein Ja, eh Nein ist. Diese Welt ist dunkel, fesselnd und schmerzhaft. Diese Welt hat seinen Reiz. Zieht mich mit Interesse und Spannung an. Obwohl ich weiss, dass das Meiste meine Sinne nicht streifen wird, lässt mich diese Welt nicht los.

Hat wohl damit zu tun, dass der Mensch immer auf der Suche nach sich selbst ist und sich irgendwo Zuhause und angekommen fühlen will. Obschon das Zuhause wohl in einem wohnt.

Liebe braucht keine Worte

Kennt ihr das? Dieses Gefühl nach einem Streit?

Es ist nicht ein Nachgeben, jedenfalls nicht direkt. Es ist auch nicht verbal.

Es ist mehr ein Blick, den man fast unterwürfig beschreiben könnte.

Meine Gedanken waren: Hier ich stehe vor dir, will nicht mehr streiten. Tu was du willst mit mir. Ich gebe auf und sinke in mir zusammen. Lasse jeden Widerstand los. Dieses starke Gefühl, hatte ich bis jetzt nur einmal.

Die Reaktion meines Gegners?

Ohne ein Wort zu verlieren, mich in die Arme nahm.

Was lernt man daraus?

Es braucht nicht immer Worte.

Oft ist eine Berührung viel mehr wert.

Die Liebe!

Du begleitest mich stetig. Du umhüllst mich nicht nur, nein, du bist in mir. So tief bist du in mir verankert. Als würden Stahlketten mir meinen Atem rauben. Mich umschlingen, als könnte ich mich nicht mehr bewegen. Deine Kälte lässt mich beinahe erfrieren. Du bist die Einsamkeit, die in mir wohnt. Du bist dieses klemmende Gefühl, das sich in mir zusammen zieht. Ich möchte diese Ketten von Herzen gerne sprengen. So sehr, dass sie in tausend Teile zerspringen und sich nie mehr um mich ranken können. Mich mit ganzer Kraft von dir befreien. Statt der Kälte, die mich umgibt, mit Wärme ersetzen. Die Kälte zurück schicken, wo sie hingehört. Die

Wärme in mir aufnehmen und sie dankend empfangen. Die Liebe würde ich zu gerne wieder erleben und sie ausleben. Diese Art von Liebe, die mich nimmt wie ich bin. Mich am Tag so ansieht, als wäre ich das schönste Mädchen. In der Nacht neben mir wach liegt um über meinen Schlaf zu wachen. Mich am Morgen streichelnd zu wecken. Ich in sanfte und doch starke Augen schauen darf. Und dir in deinen Armen eine ruhige Liebe sein darf. Dir das Gefühl zu geben, dass es schön ist was du da gerade tust. Die Stärke der Liebe kennt keine Grenzen. Sie ist gemacht dazu, zu geben und nehmen zu dürfen. Mit Vorsicht damit umzugehen. Sie hüten und beschützen. Es gibt nichts Wichtigeres als die Liebe. Mit Liebe fängt alles an und mit Ihr wird alles enden. Lasst sie uns leben. – Die Liebe

Schatten der Angst

Die Schatten der Angst die ich immerzu spüre, sind keine Schleier die über mir herumschwirren. In Wahrheit sind sie nicht nur um mich herum, sie besitzen mich. Sie stecken in mir, umgarnen mich im tiefen Innern. Jedes einzelne Organ ist betroffen. Egal, ob meine Nieren, meine Leber. Egal welches. Insbesondere mein Herz wird fast erdrückt von meiner Angst. Ich nenne es nicht mehr die Angst, es ist ganz allein meine Angst, die ich in mir trage und durch sie besitzt werde. Sie wird wohl immer meine Begleiterin bleiben, da sie zu mir gehört und in mir zu Hause ist. Wie ein Monster, das man aus Angst zu lieben versucht.

Immer wieder

Wieder ist es so weit. Wieder dieser Moment, in dem ich stark sein muss. Wieder dieser Moment, in dem ich schauen muss, dass es nicht auseinanderbricht. Wieder dieser Moment, in dem ich das Gefühl habe, an einem Abgrund zu stehen. Wieder dieser Moment, in dem ich von einem Schatten der Angst begleitet werde. Wieder dieser Moment, in dem ich diese Angst nicht zeigen darf.

Wieder dieser Moment, in dem ich alle beruhigen und aufmuntern muss.

Immer wieder sind diese Momente da.

Die Frage, die ich mir stelle, ist, wo nehme ich immer diese Kraft her immer wieder stark zu sein.

Gedenken an Bud Spencer

Aladin durfte mit dir im Auto davon fliegen. Keiner hat so schöne Ohrfeigen verteilt wie Du. Keiner hat so viel eingesteckt und stand am Schluss immer noch. Nur einer hat neben dir so geil gefressen wie du und man staunte nur. Keiner ging so süss mit Kindern um wie Du. Du bist einer meiner Helden der Kindheit. Zu gerne wäre ich bei „4 Fäuste gegen Rio" dabei gewesen. Ich schicke dir 4 Fäuste für ein Halleluja.

Du wirst vermisst.

Mehr als nur 1 Gefühl

Du bist nicht einfach ein Freund. Du bist mehr. Viel mehr. Doch romantische Gefühle finden nicht zu dir. Das passt nicht zusammen. Du bist pure Energie, bist ein Gefühl, dass ich nicht richtig beschreiben kann. Dieses Gefühl ist wie: Man hat es gefunden. Als gäbe plötzlich alles einen Sinn. Man kann es nicht vergleichen mit „jeder Topf findet seinen Deckel". Das wäre viel zu einfach. Wenn Du nicht bei mir bist, verliere ich mich. Oder finde ich mich gar nicht? Das Gefühl dich zu berühren, ist ein Heilen für meine Seele. Es hört sich an wie ein Märchen. Eines, das ich selbst geschrieben habe. Das erste Mal als ich dich sah, spürte ich es sofort, dass da was Besonderes war. Dich anzufassen war angeschossene Liebe. So stark und schnell, dass ich nicht wusste wie mir geschah. Als wären unsere Seelen eins. Jede Trennung von dir ist ein Entzug von dem was zu mir gehört. Dazwischen werde ich niemand und etwas kommen lassen. Du bist einfach zu wertvoll. Manchmal, wenn man sich lange nicht gesehen oder gehört hat ist das Gefühl wie abgeflacht. Doch wenn wir wieder zusammentreffen ist alles wieder da. Garantieren kann ich für nichts, wenn uns nochmals jemand zu trennen vermag oder es versucht. Noch nie war Eifersucht ein Thema für mich. Doch bei dir ist halt alles einfach anders. Du bist mein Halt und Anker. Hältst mich am Boden, doch gibst du mir auch Flügel. Genau so wie ich es brauche und nicht wie ich es mir wünsche. So ehrlich wie wir miteinander reden tut es auch manchmal weh. Doch es ist zu wichtig, als dass man Rücksicht nehmen könnte. Du bist mein Spiegel, meine Seele, mein zweites Ich. Das alles bist Du für mich. Ich bin deine Kleine und du meine Grosse!

Ein Stück Ewigkeit

Fotografieren ist nicht nur meine Leidenschaft. Sie hilft mir meine Gedanken und Emotionen zu sortieren und zu leben. Ein Gefühl von Sicherheit überkommt mich, wenn ich dich in meinen Händen tragen darf. Gedanken und Gefühle vermittle ich mit Worten. Meistens gehören sie nicht nebeneinander, doch finden dann zum Glück zusammen. Damit wünsche ich mir ein Stück Ewigkeit zu erschaffen, um später einen Blick in die Vergangenheit zu erhaschen. Ein kleines Meisterwerk habe ich schon getan, halte ich dich doch schon in meinem Arm.

Viele verstehen diese Liebe nicht, dabei gebe ich Worten und Bildern ein Gesicht.

Vergessenes Kapitel

Viele Male holte mich die Vergangenheit ein. Meistens sind es ja nur Gefühle, die uns einnehmen. Was aber mache ich, wenn ein ''Monster'' mich wieder trifft?

Du weisst es mit Sicherheit gar nicht mehr. Wie sehr du mich hast gequält. Du bist eines der dunkelsten Kapitel von meiner Geschichte. Am liebsten würde ich dich vernichten. Doch du gehörst nun mal dazu, nur lass mich wenigstens in Ruh. Immer wieder habe ich an dich gedacht. Doch dir nochmals zu begegnen, hätte ich mir niemals ausgedacht.

Ein Gefühl

Diese Röte, die mein Gesicht streicht, ist ein Gefühl von Taubheit, Scham, Angst und das Berühren von Liebe.

Denn nur wenn man liebt und einen berührt, vermag diese Macht, einem die Röte ins Gesicht und Körper zu malen.

Mehr

Meine dummen Sprüche oder Witze kaschieren nur mein wahres Ich. Klar mag ich Humor und gute Laune. Doch weiss ich nicht wer meine wahren, sensiblen und liebevollen Worte hören will. Ich möchte mehr im Leben. Mehr mit Gefühl und Liebe.

Ängste und Wünsche

Wer mag sie erfüllen, meine tiefsten Wünsche. Meinen Worten lauschen. Meine Gedanken zu ordnen. Mein Herz so zu berühren, dass ich nie mehr ohne dich sein will. Wer vermag diese Stärke zu haben, mich von allem Bösen zu bewahren. Im richtigen Moment bleibt, mich hält und nicht einfach geht. Mir meine Ängste nimmt und sie zu Staub macht. Wo steckst du, du wunderbares und schönes Geschöpf?
Lasse zu, dass du mich findest. Möge ich nicht vergeblich auf dich warten.

Welten

Deine Welt, die allen verborgen bleibt.

Deine Welt, die Stärke zeigt.

Deine Welt, die fesselt.

Deine Welt, die einem in deinen Bann
zieht.

Deine Welt, die verletzlich ist.

Deine Welt, die schützend ist.

Meine Welt, die allen verborgen bleibt.

Meine Welt, die Schwäche zeigt.

Meine Welt, die sich fesseln lässt.

Meine Welt, die dir deinem Bann
folgen wird.

Meine Welt, die stärkend ist.

Meine Welt, die ängstlich ist.

Zeige mir deine Welt und ich dir die
meine.

Warum trage ich Schwarz?

Schwarz war schon immer mein
Begleiter.
Doch warum trage ich es im Moment
so viel. Warum trage ich Ketten?
Warum gehe ich viel in Bars?
Warum lasse ich mich jedes
Wochenende mit Alkohol gehen?

Weil es das Einzige ist, was ich im
Moment aushalte.
Weil es das Einzige ist, was meine
Fassade halten lässt.
Weil es das ist, was einen Sinn ergibt.
Weil es mich stützt.
Weil es der einzige starke Ort ist, der
mich nicht einbrechen lässt.
Und weil es das Einzige ist, dass mich
versteht.

Von Dir

Jedes Wort von Dir.

Jede Berührung von Dir.

Jede Geste von Dir.

Jedes Mal, wenn Wir uns sehen.

Jedes Mal, wenn Wir zusammen

telefoniere.

Jedes Mal, wenn Du mich umarmst.

Jedes Mal, wenn es Uns gibt,

ist es als ob ich komplett werde.

Als ob es mich heilen kann.

Als ob Du mich heilen könntest.

Als wäre es Magie.

Wir sind Magie.

Es ist Magie,

Magie die immer bleibt und nie gehen

wird.

Tränen

Seinen Tränen freien Lauf lassen
klingt so einfach.
Doch wer ist im Stande sie auch
aufzufassen?
Schnell ist man bei Tränen peinlich
berührt,
dabei sind sie Ausdruck lauter Gefühl.
Manche Menschen verstehen es nicht,
sie kommen einfach ohne ein
Vorzeichen ins Gesicht.
Fliessen über deine Backen hinfort,
an einen andern Ort.
Sind doch Gefühle die Überhand
nehmen
und manchmal weiss man nicht wie sie
hemmen.

Tränen der Anderen

Ich kenne dich nicht, doch sehe ich
deine Tränen fliessen.
Ist es Freude oder Leid?
Es steht mir nicht zu, dich zu fragen.
Denn es sind deine Tränen.

Bleib, treuer Freund

Mein Freund, die Einsamkeit.
Du bist treu an meiner Seite.
Aber warum?
Lieber hätte ich die Liebe.
Doch vielleicht kommt irgendwann,
mit der Einsamkeit auch,
die Liebe.

Süsse liebe

Oh du süsse Liebe,
wie bringe ich dich, du grösstes der
Gefühle,
auf ein einfaches Stück Papier

Fremd und vertraut

Dieses Gefühl, so fremd und doch so
vertraut. Ein Gefühl, als ob mein
Körper sich ganz kurz anders anfühlt.
Ein Gefühl, vom kurzem, inneren
Friedens. Ein Gefühl, als ob mein
Brustkorb einen kurzen Moment
wärmer wird und sich anders anfühlt.
Du gibst mir die Kraft, auf mich zu
vertrauen.
Mein Inneres Ich.

Liebe braucht kein Licht

Oh du Liebe, du bist überall,
noch wenn's so dunkel ist, dass sich
keine Schatten mehr treffen.
Du triffst auf jeden, auch sei er noch
so dunkel, so wie die dunkelste Nacht
selbst.

Treue und Liebe

Die liebe Liebe. Ich liebe die Liebe
und würde ihr gerne tief mit
Hochachtung ihr ergeben sein.
Ihr begegnen mit ewiger Treue!
Ihr, der Liebe.

Verbundenheit

Wahre Freunde berühren nicht nur
deine Hülle,
sie berühren dich tiefer.
Viel tiefer, sie berühren deine Seele!

Der Pfad

Der Pfad teilt sich.
Welchen gehe ich weiter?
Egal, wichtig ist, wie man ihn geht.

Stärke und Sanftmut

Die Liebe so stark wie ein Baum.
Und doch so sanft wie ein Blatt.

Emotionen

Emotionen sind Ausdruck unserer

Gefühle:

Glück

Trauer

Freude

Liebe

Hass

Angst

Vollkommenheit

Leere

Hilflosigkeit

Sicherheit

Nur ein Kuss?

Ein Kuss soll dich gefangen nehmen.
Dein Geist und deine Seele soll er
berühren und nicht mehr loslassen.
Dein Gedanke schaltet sich aus und
Du fällst!
Doch wirst Du gestützt von der
Macht und Stärke des − Kusses.

Bei dir ist mir wohl

Bei dir lasse ich mich fallen.
Bei dir tanke ich Kraft.
Mit dir verschmelze ich zunehmend .

Deine starken Wurzeln atmen mit
mir gemeinsam.
Eine Art fliessende Bewegung die
zueinander führt.
Nie im Leben hätte ich gedacht, dass
so was möglich ist.
Es ist, ein Eins werden mit dir!

Frieden

Liebe ist die einzig mögliche Form,

um

Allem Übel entgegen zu treten.

Freunde und Familie

Mein Plan

Vor Kurzem brachte ich nicht einen
Satz über meine Finger
und jetzt höre ich das langersehnte
Geklimper.
Zuerst dachte ich, es wäre
Schreibfaulheit,
doch ich brauchte nur etwas Zeit.
Ich weiss, das schaffe ich nicht allein,
schön stehen meine Liebsten mir
immer bereit.
Ohne mir zu sagen wie es geht,
bleiben sie treu neben mir, egal wie es
gerade steht.
Dieses Wissen gibt mir die nötige
Kraft,
um zu verwirklichen meinen
träumerischen Plan.

Gemeinsam fliegen

Ihr seid nicht mehr da, aber auch nicht
dort.
Ihr seid an einem ganz andern Ort.
Ihr seid an meiner Seite, das ist klar.
Und das find ich wunderbar.
Doch kann ich euch nicht seh'n.
Und das macht es mir schwer.
Doch ich weiss, Ihr seid auf einer
Wolke am Liegen
und irgendwann werden wir
gemeinsam
fliegen!

Bild aus alten Tagen

Ein Blick in die Vergangenheit
und Wärme macht sich in meiner
Seele breit.
Ein Gefühl von Vertrautheit und
trotzdem auch Fremde.
Weil oft ein Bild aus alten Tagen die
Erinnerung sendet.
Mein Album ist voller lieber
Momente.
Auf dass sie ewig in meinem Herzen
brennen.
Aus Angst man werde es vergessen,
schafft man sich immer wieder solche
Erinnerungsexzesse.
Damit ich später wieder sagen kann:
Ein Blick in die Vergangenheit
und Wärme macht sich in meiner
Seele breit.

Ihr seid

Du bist die, die uns das Leben
schenkte.
Du bist die, die uns liebt, wie nur eine
Mutter lieben kann.
Du bist der, der uns auf dieser Welt
willkommen hiess und uns gemacht
hat.
Du bist der, der uns liebt, wie nur ein
Vater lieben kann.
Ihr seid die, die immer um unser Wohl
bemüht seit.

Ihr seid die, die mich gestärkt haben.
Ihr seid die, die mich lieben,
wie nur Brüder mich lieben können.

Ihr seid die, die mich in der Schule
fertig gemacht haben.

Ihr seid aber auch die, die mich stärker
gemacht haben.

Ihr seid die Wenigen, die mich positiv
in der Schulzeit begleitet haben.
Ihr seid die einzigen Zwei, die ich
heute noch liebe.

Ihr seid die, die mich seit Jahren
prägen.
Die, die nicht mehr einen grossen
Platz in meinem Herzen einnehmen.

Ihr seid auch die, die seit Jahren einen
grossen Platz in meinem
Herzen einnehmen.

Du bist die, die mir immer ihre Ohren
leiht.

Du bist die, die ich nie mehr missen
möchte.

Du bist die, die mich liebte als gäbe es
kein Morgen.
Du bist die, die mich nie loslassen
würde.
Du bist die, bei der sich meine Seele
noch heute Zuhause fühlt.

Du bist die, die mich abholt wo immer
ich bin.
Die, die mich sehr mag. Die, die mich
vielleicht auch liebt.
Die, die ich so lieb habe, als wärst Du
mein zweites Ich.
Die, nach der ich süchtig bin.

Ihr seid all die Lieben, die mich hüten
und beschützen.
Ihr seid die, die mich manchmal um
meinen Verstand bringen.
Ihr seid die, ohne die ich nicht sein
will.

Vielen Dank das Ihr da seid.
Ihr seid die Engel, die mir geschenkt
worden sind.

Wie Sterne

Freunde sind wie Sterne, sie lassen
einem an alles glauben, was man nur
glauben will.
Freunde sind die, die einem im
dunkelsten Tal den Weg zum
taghellem Himmel führen.
Freunde sind die, die aber einem auch
mal sagen, dass sie einen gerade ein
bisschen Scheisse finden.
Freunde sind wie eine Familie, der
Vorteil, man kann sie sich aussuchen.
Freunde sind wie Wunder, manchmal
machen sie die unglaublichsten Dinge
wahr.
Freunde sind wie ein Anker, sie geben
einem in den stürmischsten
Momenten den stärksten Halt.
Freunde!

Niemals alleine

Danke, dass du immer bei mir bist,
immer an meiner Seite gehst.
Egal, ob ich lache oder weine, dank dir
bin ich niemals alleine.
Ich bin hier, du bist dort und trotzdem
sind wir manchmal am selben Ort.
Ich wäre nicht ich ohne dich.
Danke dir von Herzen, muss viel an
dich denken.
Du bist mein Heim, meine Liebe.
Meine Familie!

Freunde

Du bist der, der meine Geschichten
liest.
Du bist der, der meine Geschichten
hört.
Du bist der, der meine Schritte
mitgeht.
Du bist der, der meine Biere
mittrinkt.
Du bist einfach der, der Eine,
mein bester Freund.

50

Natur

Gestirne

Die Sonne strahlte den ganzen Tag über das Land. Langsam senkte sich ihre ganze Kraft, um dem Mond und den Sternen Platz zu schenken. Immer näher kommt sie dem Wald. Stück für Stück verschwindet sie immer mehr hinter den Bäumen. Leuchtet mit vollem starkem Gelb durch den Wolkenschleier. Schon eine Weile untergegangen strahlt sie immer noch Reste ihrer Farbe zum Himmel hoch. Bis sie komplett hinter dem Horizont versinkt.

Gedanken für den Himmel

Was macht den Himmel so
wundervoll?
Seine unsagbare Weite?
Wenn er wolkenlos seine Sonne, den
Mond oder die Sterne zeigt?
Schleierwolken seine ganze Schönheit
ziert?
Oder doch dicke Wolken im Sturm
und Regen,
über das Land hinwegfegen?
Was er auch bringt,
er ist und bleibt wundervoll.

Wahre Freiheit

Wenn du deine Flügel ausbreitest, erhebst du deinen Kopf ganz stolz zum Himmel empor. Mit Sprungkraft in deinen Beinen stösst du ab und beginnst deinen Flug. Mit grosser Spannkraft breitest du deine Flügel aus und gibst Stoss für Stoss, um dein Ziel zu erreichen.

Ziehst über das Land deine Kreise und kommst der Sonne gefährlich nah.

Du kennst die ganzen Regeln der Lüfte und lebst die endlose und kraftvolle Freiheit.

Blumen

Blumen besitzen so viel Stärke um zu stehen. Es gibt sie in allen Farben. In ganzer Pracht leuchten sie vor Lebensenergie. Und doch sind ihre Blüten so zart und fein, als würden sie bei der kleinsten Berührung zerbröseln. An den schönsten Tagen bringen sie uns ein Lächeln ins Gesicht. Und an bösen Tagen Trost in endloser Trauer.

Mit Blumen bringt man Gefühle zum Ausdruck, bei denen einem manchmal die Worte fehlen.

Und doch ist es die Sprache der Blume.

Von der Wurzel bis zur Krone

So stark und beständig stehst du da. Hast deine Wurzeln tief in den Boden verankert um genug Halt zu haben. Spendest mit deiner ganzen Macht Schatten. Wie oft geht man an dir einfach vorbei ohne dich zu würdigen. Dabei bist du so was wunderschönes und prachtvolles, dass man einfach mal vor dir anhalten und dich mit einem Blick würdigen sollte.

Liebeserklärung

Das Moos bedeckt friedlich unseren
Wald.

Streicht schon gar zärtlich den Boden.

So als würde es ihn an nassen
Wintertagen vor Kälte schützen.

Aber ihn bei heissem Sommerwetter
vorm Vertrocknen bewahren.

Wie eine Decke streicht es sogar über
unsere Bäume.

Diese unbändige Kraft ist nicht
erklärbar. Ist es doch so zart und fein.

Doch lassen wir uns manchmal sogar
davon stören.

Eine kleine Liebeserklärung an unser
Moos.

Treuer Begleiter

Nachts stampfen wir Zwei allein,

durch den Schnee bedeckten Wald.

Nur Du und ich.

Wir geniessen die Stille,

das Knirschen unter unseren Füssen

und Pfoten.

Ich und du, mein treuer Freund und

Begleiter,

der Hund!

Stille und Schnee

Kalter Abend am See.
Er ist bedeckt mit Eis.
Leise fallen tausende Flocken.
Weiss, weisser als weiss.
Kein Geräusch stört diese liebliche
Stille.
Es grüsst eisig der süsslich duftende
Winter.

Sommer und Winter

Im Sommer wünsche ich mir den
Winter.
Und im Winter wieder den Sommer.

Winter zum Frühling

Der Winter zieht durch das Land,
bringt viel Weiss ganz kalt.

Wunderbarer Herbst

Blätter die fallen,
der Sommer gegangen,
der Winter noch nicht da,
oh du schöner Herbst.

Berner Mundart

Ode a d'Aare

Du fliessisch dür üsi Stadt, mängisch
ruhig und gmächlech.
Und mängisch wird us dym fliesse es
wahrs rysse.
Du wirsch gliebt, aber ou gfürchtet.
Wenns stürmt und pisst wirsch so
richtig dunku und bruun,
schwemmsch vieu mit vo de Bärge.
By Sunneschyn und rägefreie Tage
füehrsch du s'klarste und s'schönste
Grüen mit dir.
Du bisch üse Huusfluss und
umarmsch üsi Stadt mit Liebi,
Schönheit ure ändlose Chraft.
Üsi Aare.

Übersetzung am Ende des Buches

D' Stibäng

Wahri Schönheit chunnt vo inne,
doch du treischse vouer Stouz vor di
häre. Gisch eim s'Gfüeuh zu dir und
mit dir s'ghöre.
Bisch nid grad chly, ghörsch aber ou
nid zu de Grosse. Zu dir ghöre di vile
chlyne Nuschilädeli, aber ou di grosse
wuchtige Gigante Loeb und Globus.
Vom Rosegarte bis zum Kocherpark
gits eso vieu zum Bestuune. Und
glych näme mir di meischtens nid
richtig wahr. Hautisch jedem Wätter
tapfer d'Stange und blibsch standhaft
ohni z'mure. Ob dr Räge dini Sand
und Pflastersteine duet wäsche,
d'Sunnestrahle dini Strasse fasch
verbrönnt, oder dr Schnee di ganz

duet bedecke. Aus das nimsch du uf und das Tag für Tag und vo Jahr zu Jahr. Mir aui ghöre zu dir, egau vo wo oder wär mir si. A dir darf ig mi orientiere und darf di gniesse. Sogar a Fluss lasch du ohni z motze la passiere. Treisch Clubs mit wo gliebt, verehrt oder ghasst wärde. Merci das du bisch wie du bisch.
Üses Bern!

Übersetzung am Ende des Buches

Wärtvolli Zyt

Für di.

Die Momänte, wo mir üs änrschthaft hei probiert zäme ds'näh. Die Momänte, wo ig mau ruig ha chönne näbe dir hocke.

Die Momänte, wo Du mi beschützt hesch.

Die Momänte, wo sich aui ab üs gfragt hei.

Die Momänte, wo Du mir i dr Wohnig bisch nachegsprunge und mir hesch dr Fuess gsteut.

Die Momänte, wo ig mi so gross und cool ha gfüeut und das nur wäge dir.

Die Momänte, wo dä Autersungerschied und die Nechi niemer verstange het. Die Momänte, wo mir üs vorgsteut hei

„zwöi mau Silä."

Die Momänte, wo mir üs uf d' Kappe hei gä.

Die Momänte, wo ig dir immer ungerläge bi gsi.

Die Momänte, wo Du mi eifach eso gnoh hesch wieni grad bi gsi

„gloube extrem asträngend."

Die Momänte, wo plötzlich s'Telefon het glütet und ig überleit ha, us welem Kontinänt Du grad alütisch.

Die Momänte, wo mir zum Teil fasch
erwachsnegi Gspräch hei gfüehrt

„Bi gloub eifach denne z jung gsi.“
Für die Momänte, sägi ändlich mau
Merci a di.
Dini klein Silä

Übersetzung am Ende des Buches

Alltägliches

Wie macht Ihr das?

Grüsst morgens immer freundlich. Seid oft die Ersten, die den Menschen am Morgen begegnen. Ihnen ist egal wie dieser Mensch aussieht. Ob die Haare gemacht sind, man geduscht oder geschminkt ist. Oder der Bauarbeiter, der es knapp aus dem Bett geschafft hat und eine Sturmfrisur trägt. Ob man immer dasselbe bestellt, oder unwissend vor der Theke steht. Es ist, als ob ich rein komme und telepathisch schon meinen Kaffee bestelle, kaum bezahlt habe und er schon bereit steht. Ihr grüsst teilweise die Menschen mit Namen. Da denke ich, morgens bin ich froh, dass ich meinen Namen weiss.

Wie macht Ihr das?

An alle lieben Menschen da draussen

die uns jeden Morgen als Erstes

versorgen.

Ihr seid Engel!

Hast

Warum so pressieren,* wo wollt Ihr alle hin?

Nehmt euch gar nicht richtig Zeit.

Obwohl man mit Freunden was trinken geht und es geniessen sollte, ist das Handy steht's, immer dabei oder mittendrin.

Aber warum? Warum lässt man es nicht einfach in der Tasche und ignoriert dieses Gesurre und Getöne.

Um einfach wieder einmal den Menschen gegenüber zu spüren und bemerken.

Die Zugfahrt

Die Zugfahrt ist kurz, manchmal auch
lang.
Manchmal geniesst man sie,
manchmal hasst man sie.
Jetzt gerade geniesse ich sie.
Hatte gerade eine Kontrolle und
schon wieder,
die Unterlagen zum GA verlängern
vergessen.
So ein Scheiss!
Wie auch immer, ich geniesse und
liebe sie.
Habe meine geliebten Stöpsel in den
Ohren,
und höre genussvoll „An Angel“.
Für solche Momente liebe ich sie.
Die, meine, unsere Zugfahrt!

Nur ein Song

Jeder von euch hat sicher ein Lied aus der Kindheit, das im Innern vergraben wurde. Tief im Innern schläft es, bis, ja bis diese Töne angespielt werden. Ob im Radio oder weil man es selber wieder hören will.

Dieses eine Lied unter Tausend. Zugegeben, bei mir sind es mehrere. Doch jetzt gerade habe ich diesen Moment. Es kommt dieses Gefühl auf, wie geil dieses Lied ist, ob Hühnerhaut oder sogar für feuchte Augen sorgt.

Ein wohliges warmes und beruhigendes Gefühl. In meinem Fall gerade „Non e Vero" von Lady Lily. Jep, ich gestehe 80er pur und es ist geil. Im Inneren gehe ich voll mit. Gehe die ganze Serie Oliver Maass durch. Ja ich weiss, dieser Junge nervte zum Teil echt. Aber hei, Esteban war ja schon der Teufel in Person. Und ja, ich schweife ab. Und ja, ich tu es voll bewusst und lasse es von ganzem Herzen zu.

Es ist einfach wunderbar. Wie schön wenn es dabei bleiben würde. Aber nein, unser Hirn fordert uns. Gibt die volle Dröhnung der 80er ab. Wenn man schon anfängt, dann von 80 bis 89. Jep super, bin voll dabei.

Bedenkt, Lady Lily sang auch für Patrick Paccard. Nicht so nervig wie Oliver und heisser. Aber hatte damals schon zwei Weiber. Also Patrick, nicht

Lady Lily. So, nun lasse ich euch mit euren Liedern, die garantiert von allen anklopfen werden.

Es lebe die Musik!

Nur du selbst

Der Einzige, der deine Dämonen bekämpfen kann, bist du selbst. Der Einzige, der seine Ängste besiegen kann, bist du selbst. Der Einzige, der dir die Liebe schenken kann, bist du selbst. Der Einzige, der dir Glück geben kann, bist du selbst.
Du bist der Einzige, der dein Leben leben kann, sonst niemand!

Der Schwarm

Jeden Tag geht man ihn.
Jeden Tag fühlt man sich nicht besser.
Jeden Tag wird man von ihm geflutet.
Jeden Tag zieht man mit ihm los.
Jeden Tag muss man mit ihm gehen.
Jeden Tag wird man mit ihm
konfrontiert.
Jeden Tag muss man mit ihm
schwimmen.

Ob man will oder nicht ist man
Mitglied im Schwarm des trottigen
Alltags der Gesellschaft.
Willkommen im Leben anderer.
Nur nicht in meinem.

Kraftakt

Zum Aufstehen fehlt mir die Kraft,
doch liegen bleiben will ich auch
nicht.

Die Gedanken

Ich denk an dich

Manchmal vermisse ich dich so sehr, dass es mir fast mein Herz zerreisst. Du wurdest alt oder auch nicht. Wolltest sterben oder auch nicht. Hast mich gut gekannt oder auch nicht. Ob du es warst oder nicht. Ich denk an dich.

Meine Energie

Hilft das Schreiben mir wirklich meine innere Energie loszuwerden, oder ist es nur mein innerster Wunsch, dass ich so meine Angst auflöse?

Filmabend

Filmabend mit Freunden. Und doch sind immer wieder Fragen und Gedanken, die im Kopf herumschwirren. Was will man im Leben, was erwartet einem noch, welche Veränderungen sind eher ein Seil, dass einem am Weiterkommen zurückhält. Und welche geben uns die Kraft zu fliegen?

Eden

Eine heile Welt will ich mir schaffen,
weil sich dort niemand werde hassen.
Harmonie und Liebe würde regieren,
nie aber Krieg und Trauer uns
berühren.
Keine Ängste und Schmerzen uns
einnehmen,
sondern Freude und Gesundheit uns
nähren.
Lasst uns bauen unseren Garten Eden.

Schwert und Feder

Solange wir in der Lage sind noch frei zu atmen, werden wir immer wieder hervorkommen. Solange wir in der Lage sind noch frei zu denken, werden wir erscheinen. Solange wir in der Lage sind uns zu spüren, werden wir immer da sein. Solange es Dichter und Denker gibt, wird sich trotz allem Bösen, diese Welt noch richtig drehen.

Ich schenke Ihr Treue

Meine Gebieterin, Fabiana die Kämpferin.

Durch einen Fluch wurden Sie zu Mark und Kalk. Wie durch einen magischen Sog wurde ich zu Ihnen geführt. Sie haben viele Opfer gefordert. Viele Herzen gebrochen und beraubt. Doch Ihr Sog ist stärker als meine Angst, zerstört zu werden. Ich werde einen Weg finden, Sie zu befreien. Dann werde ich auf ewig Ihnen dienen und durch Sie meinen Schutz erhalten, den ich brauche. Sie werden mich in Ketten legen und mich durch Ihre Stärke beschützen. Sie werden bei mir unwiderrufliche Treue erhalten.

Auf ewig.

Dichter und Denker

All diese gescheiten Dichter und
Schreiber, hatten sie auch diese Leere
und zeilenlosen Momente in sich und
schrieben dann wahllos drauflos und
es ergab ein Meisterwerk?

Bring mir Schlaf

Nacht, oh du dunkle Nacht.
Bring mir bitte meinen Schlaf.

Blind

Manchmal sieht man voller
Einsamkeit, das Wunderbare nicht!

Hingabe zum Klavier

Das Klavier spielt süss.
Mit Kraft und Hingabe. gefühlt
und sacht.
Wer spielt es?
Das Kind, der Teenie,
die Dame oder der Herr.
Egal wer.
Es bleibt ein Klavier.

Wie ein Buch

Charakter und Seele zeichnen einen
Menschen.
Und nicht seine Hülle!

Die Gedanken, sie kreisen

Gedanken kreisen,

fliegen,

herrschen,

verwirren,

begleiten,

entgleiten,

überschlagen,

verlieren,

finden,

lachen,

weinen,

bringen,

nehmen,

schallen,

verletzen,

und doch gehts nicht anders!

Wahrer Rebell

Meine Mutter ist ein drogenfreier
Rebell.
Ich bin stolz auf Sie!

Nicht unmöglich

Helfen wird schwierig,
wenn man was tun muss!

Hoffnung

Manchmal besteht die einzige
Hoffnung darin,
die Natur zu spüren.

Das Tor in eine andere Welt

Eine unsichtbare, sichtbare andere
Welt
Die Wunschwelt eines jeden Kindes,
das in uns wohnt.
Lasst uns diese Welt in unsere holen,
um unsere Welt zu dieser zu machen.

Frei

Das freie atmen,
das freie denken,
das freie schreiben,
das frei sein in deinem Herzen.
und in deinem Kopf,
das wird man dir niemals nehmen
können.
Einfach sein.

Gastautoren

Der Glücksträger

Warum streben nach dem Glück,
wenn man es in sich trägt?
**

Glücksschmied

Das Streben nach Glück,
oder jeder ist seines Glücks selber
Schmied.
**

Winter zum Frühling

Der Winter zieht durch das Land,
bringt viel weiss mit seiner kalten
Hand.
Wie ein sanfter Mantel liegt es in
Wald, und Flur.
Bis der Frühling sie wieder weckt, die
zarten Knospen der Natur.
***

Tellerrand

Blicke über deinen Tellerrand.

Und du wirst sehen, dass die Welt

keine Scheibe ist.

***

Zeit zu Zeit

Kenne die Vergangenheit.

Begreife die Gegenwart.

Siehe die Zukunft.

***

Eigene Gedanken

Glossar

*	„Berner" Mundart
**	Ergänzungen des Lektors
***	Ergänzung des Verlegers
GA	General Abonnement. Vergleichbar mit einer Bahncard 100 der Deutschen Bahn
Pressieren	Sich beeilen. Kommt auch im Hochdeutschen vor meistens im Süddeutschen, Österreichischen und Schweizer Sprachraum.
Bern Bärn	Beide Schreibweisen sind in der Berner Mundart anzutreffen. Der „e" wird in diesem Fall als leichtes „ä" ausgesprochen. Die Schreibweise mit „e" entspricht dem Stadtberndeutsch.

Ä oder E	In der Berner Mundart Schreibung wird ein leichtes „ä" also ein laut zwischen, ä und e, häufig als „e" geschrieben. Dies wird jedoch meist von den jüngeren Schreibern nichtmehr unterschieden und es wird konsequent ein ä verwendt.
Loeb	Berner Warenhauskette.
Globus	Wahrehauskette im Besitz der Migros Genossenschaft
Stibere Stibäng	Berner Altstadt. Neu-berndeutscher ausdruck.
Zyt	Zeit. Meist wird im Berndeutschen ein geschlossenes „i" mit einem „y" geschrieben entsptechenden Worte werden in der hochdeutschen Schreibung meist mit einem „ei" der in der Berner Mundart als geschlossenes „i" ausgesprochen wird. Trifft man aber in der Berndeutschen Schreibung einen „ei" an werden die beiden Vokale getrennt ausgesprochen. Ein offenes „i" und „ie" wird als „i" ausgesprochen und geschrieben, oder auch anzutreffen ist yie Schreibung „ii" wen es langezogen wird.

Übersetzungen

Ode an die Aare

Du fliest durch unsere Stadt,
manchmal ruhig und gemächlich.
Und manchmal wird aus deinem
fliesen ein wahres reissen.
Du wirt geliebt, aber auch gefürchtet.
Wenns stürmt, und pisst wirst du so
richtig dunkel und braun, schwemmst
viel mit von den Bergen.
Bei Sonnenschein und regenfreien
Tagen führst du das klarste und
schönste Grün mit dir.
Du bist unser Haus Fluss und
umarmst unsere Stadt mit Liebe,
Schönheit einer endlosen Kraft.
Unsere Aare.

Unsere Stadt

Wahre Schönheit kommt von innen.
Du trägst sie voller Stolz vor dich her.
Gibst einem das Gefühl zu dir und
mit dir zu gehöhren.
Bist nicht klein, gehörst aber auch
nicht zu den Grossen.
Zu dir gehören die vielen kleinen
„Krämerläden", aber auch die
wuchtigen Giganten Loeb und
Globus. Vom Rosengarten bis zum
Kocherpark gibt es viel zu bestaunen.
Und trotzdem nehmen wir dich oft
nicht richtig wahr. Hältst jedem
Wetter tapfer stand und bleibst
standhaft, ohne zu muren. Ob der
Regen deine Sand und Pflastersteine
wäscht, die Sonnenstrahlen deine
Strassen fast verbrennt, oder der

Schnee dich bedeckt. All das nimmst
du auf dich und das Tag für Tag und
Jahr für Jahr. Wir alle gehören zu dir,
egal von wo, oder wer wir sind. An dir
darf ich mich orientieren und darf
dich geniessen. Sogar ein Fluss lässt
du, ohne zu meckern, passieren.
Trägst Clubs mit dir, die geliebt,
verehrt oder gehasst werden. Merci
das du bist wie du bist.
Unser Bern!

Wertvolle Zeit

Für dich.

Die Momente, wo wir ernsthaft versucht haben uns zusammen zu reißen. Die Momente, wo ich ruhig bei dir sitzen durfte.

Die Momente, wo Du mich beschützt hast.

Die Momente, wo sich alle fragten, ob wir noch alle beisammen haben.

Die Momente, wo Du mir zuhause nachgestellt hast nur um mir ein Bein zu stellen.

Die Momente, wo ich mich nur dank dir, gross und cool gefühlt habe.

Die Momente, wo dieser Altersunterschied und diese Nähe niemand verstanden hat. Die

Momente, wo wir uns gedacht haben.

„Zwei mal Silä.“

Die Momente, wo wir uns gekloppt haben.

Die Momente, wo ich dir immer unterlegen gewesen war.

Die Momente, wo Du mich einfach so akzeptiert hast, wie ich gerade drauf war.

„War sicherlich anstrengend.“

Die Momente, wo plötzlich mein Telefon schrillte und ich dachte.

„Aus welchem Kontinent rufst du wohl an?“

Die Momente, wo wir beinahe erwachsene Gespräche führten.

„Wahr wohl noch etwas zu jung.“

Für diese Momente, sage ich endlich mal.

„Ich Danke Dir"

Deine klein Silä

Inhaltsverzeichniss

Danksagung 5

Emotionen 7

Ich sag es leise 8

Die Nacht 8

Hingabe 9

Suche in anderen Welten 10

Liebe braucht keine Worte 11

Die Liebe! 12

Schatten der Angst 15

Immer wieder 16

Gedanken an Bud Spencer 17

Mehr als nur 1 Gefühl 18

Ein Stück Ewigkeit 21

Vergessenes Kapitel 23

Ein Gefühl 24

Mehr 24

Ängste und Wünsche 25

Welten 26

Warum trage ich schwarz? 27

Von Dir 28

Tränen 29

Tränen der Anderen 30

Bleib, treuer Freund	30
Süsse liebe	31
Fremd und vertraut	31
Liebe braucht kein Licht	32
Treue und Liebe	32
Verbundenheit	33
Der Pfad	33
Stärke und Sanftmut	33
Emotionen	34
Nur ein Kuss?	35
Bei dir ist mir wohl	36
Frieden	37
Freunde und Familie	**39**
Mein Plan	40
Gemeinsam fliegen	41
Bild aus alten Tagen	42
Ihr seid	43
Wie Sterne	47
Niemals alleine	48
Freunde	49
Natur	**51**
Gestirne	52
Gedanken für den Himmel	53
Wahre Freiheit	54

Blumen										55
Von der Wurzel bis zur Krone					56
Liebeserklärung								57
Treuer Begleiter								58
Stille und Schnee								59
Sommer und Winter							60
Winter zum Frühling							60
Wunderbarer Herbst							61
Berner Mundart							**63**
Ode a d' Aare								64
D' Stibäng									65
Wärtvolli Zyt									15
Alltägliches								**71**
Wie macht ihr das?							72
Hast										74
Die Zugfahrt								75
Nur ein Song								76
Nur du selbst								79
Der Schwarm								80
Kraftakt									81
Die Gedanken							**83**
Ich denk an dich								84
Meine Energie								84
Filmabend									85

Eden   86

Schwert und Feder   87

Ich schenke Ihr Treue   88

Dichter und Denker   89

Bring mir Schlaf   89

Blind   89

Hingabe zum Klavier   90

Wie ein Buch   90

Die Gedanken, sie kreisen   91

Wahrer Rebell   92

Nicht unmöglich   92

Hoffnung   92

Das Tor in eine andere Welt   93

Frei   93

Gastautoren   **95**

Der Glücksträger   96

Glücksschmied   96

Winter zum Frühling   96

Tellerrand   97

Zeit zu Zeit   97

Eigene Gedanken   **98**

Glossar   **100**

Übersetzungen   **103**

Nachwort des Verlegers

Dem geneigten Leser, wird aufgefallen sein, dass der vorliegende Text, eine grössere Druckvariante aufweist, als allgemein üblich. In der Redaktion haben wir uns dafür entschieden, Menschen mit einer Sehbehinderung entgegenzukommen, um ihnen die Lektüre des vorliegenden Werkes zu vereinfachen.

Jedoch auch mit dem Gedanken, das lesen am Lagerfeuer oder bei Kerzenschein zu vereinfach. Was die inhaltliche Stimmung bei diesem Werk noch untermalt.

Buchprogramm Transivroom Verlag

Bisher erschienen sind

Die Auferstehung in London
von Alfred Gujer
Als Print und E-Book Erhältlich

Siläs Wält Band 1
(Taschenbuch Ausgabe)
Von Silvia Gloor
Als Print und E-Book erhältlich

Künftige Publikationen

Siläs Wält Band 1 (Bildband)
Von Silvia Gloor
Als Print und E-Book geplant.
Geplantes erscheinen,
anfangs 2020.

In der fremden Legion
Von Alfred Gujer
Als Print und E-Book geplant.
Erscheinungsdatum noch unbekannt.

Die Bibel komplett auf Berndeutsch
Übersetz von Manuela Gujer
Als Print und E-Book geplant.
Erscheinungsdatum noch unbekannt.

Buchprogramm Mystrium Verlag

Geplante Publikationen

Mystrius Reihe

Mystrius – The Dragon Swords

neuaflage von

Mystrius – Dragonswords

Von Christian Stephan Hug

Als Print und E-Book geplant.

Geplantes erscheinen,

Anfangs 2020.

Mystrius – the Seal of time

Von Christian Stephan Hug

Als Print und E-Book geplant.

Geplantes erscheinen,

Mitte 2020.

Mystrius – the time Crystal

Von Christian Stephan Hug

Als Print und E-Book geplant.

Geplantes erscheinen,

Ende 2020.

Sheko Reihe

Sheko - A tough story
Von Christian Stephan Hug
Als Print und E-Book geplant.
Geplantes erscheinen, 2020.

Sheko – A second story
Von Christian Stephan Hug
Als Print und E-Book geplant.
Erscheinungsdatum noch unbekannt.

Sheko - A last story
Von Christian Stephan Hug
Als Print und E-Book geplant.
Erscheinungsdatum noch unbekannt.

Änderung vorbehalten.